AF349786

LETTRE

D'UN THEOLOGIEN

A UN CURÉ DU DIOCESE DE M***

du 15 oct. 1752. au sujet de l'administration des sacremens

LETTRE
D'UN THEOLOGIEN

*A UN CURE' DU DIOCESE DE M****

VOUS me paroissez embarrassé, Monsieur, sur la conduite que vous devez tenir dans l'administration des Sacremens. Pour peu que l'on veuille réflechir sur les saintes règles établies dans l'Eglise, être docile à la voix de Dieu, manifestée dans celle de ses Pasteurs, il n'est pas difficile de se conduire d'une maniere irreprochable aux yeux de tout Juge, qui ne voudra décider que selon les lumiéres de sa raison & l'équité de sa conscience : Pourriez-vous en sûreté obéir à des Magis-trats qui méprisent & l'Eglise & les Arrêts du Prince, qui en est le Pro-tecteur ? Est-ce donc à des Juges Séculiers que l'Esprit-Saint a promis son assistance ? L'oracle de la vérité n'a-t-il pas prononcé qu'ils sont comme les autres Fidéles obligés de s'instruire ? *Erudimini qui judicatis terram, instruisez-vous, ô vous qui jugez la terre !* Or, de qui doivent-ils recevoir l'instruction, si ce n'est de ceux à qui Jesus-Christ a dit, *allez, enseignez toutes les nations. Ite, docete omnes gentes* : celui qui vous écoute, m'é-coute, *qui vos audit, me audit.* Un peu d'attention sur des paroles si formelles doit rassurer tout Chrétien, qui se laisse ou éblouir par les dis-cours séduisans des Novateurs, ou intimidés par les ménaces & les vexations de ceux qui les favorisent. Graces à Dieu, vous avez des lu-miéres & du courage, & vous êtes prêt en toute occasion de présenter votre corps pour défendre celui de Jesus-Christ ; ce qui vous embarrasse cependant, est ce discours triomphant de quelques Jurisconsultes, *en France on ne reconnoît point de notorieté de fait, & à moins qu'il n'y ait une sentence qui déclare qu'un tel homme, par exemple, est hérétique, on doit dissimuler, on doit se comporter avec lui comme si l'on n'avoit aucune connoissance de l'attachement qu'il marque pour l'erreur* : Principe aussi faux que facile à détruire. On reconnoît en France une notorieté de fait, & on la reconnoît, soit dans le for civil, soit dans le for ecclésiastique.

Il est vrai que dans le for civil, on a quelquefois des contradictions à essuyer : *Un Curé*, dit Pontas, *qui réfuseroit publiquement la Communion sur la seule notorieté de fait, s'exposeroit à être blâmé & même condamné par le Juge* : Mais quelle que soit, à cet égard, la conduite des Magistrats, il est

Dans le for
civil.
Dict. t. 3. v.
Pécheur cas
I. p. 81.

A

toujours faux, que, selon la Jurifprudence du Royaume, la notorieté de fait ne fuffife jamais.

En effet, on prive les Comédiens de la Communion & même de la fépulture Eccléfiaftique. Il n'y a cependant contre eux ni fentence du Juge, ni acte judiciaire qui les déclare Comédiens; & quelque réfus qu'on leur faffe des Sacremens, on n'a point à craindre *d'être blâmé ou condamné par le Juge.* Pourquoi cela? C'eft qu'il eft notoire par le feul fait que les Comédiens montent habituellement fur le Théâtre, & qu'ils font Comédiens. C'eft, dit le Parlement lui-même, *que ce font des hommes diffamés,* dont le crime eft auffi public que la profeffion qu'ils exercent eft folemnellement réprouvée.

Remontran-
ces du 28 juin
1738.

Que ceux qui penfent autrement que nous fur cet article, répondent, s'ils le peuvent, à un exemple fi preffant, à une autorité fi convaincante. Car enfin ce principe fameux, *qu'en France on ne reconnoît point de notorieté de fait,* eft un principe univerfel, dont une feule exception démontre la fauffeté. Or nous en montrons une qu'on ne peut contefter. Nous citons un cas, où fans fentence du Juge, où fans crainte d'être blâmé par le Juge, où du confentement même des Juges les plus prévenus contre nous, la feule notorieté de fait détermine à réfufer & la Communion & la Sépulture Eccléfiaftique. Le principe donc fur lequel on fe fonde; ce principe général & abfolu, qu'on répete avec tant d'emphafe, comme fi c'étoit une premiere vérité, comme fi c'étoit une loi fondamentale de l'Etat, comme fi le contefter, c'étoit renoncer à la qualité de François; ce principe encore une fois eft donc reconnu pour faux, même dans le for civil, & ceux qui l'avancent avec tant de hauteur, font confondus.

Mais fommes-nous réduits pour le combattre, au feul exemple des Comédiens? Non, Monfieur, ce principe fi général eft prefque généralement faux, tant eft grande la multitude des occafions, où il ne peut avoir lieu. Un homme eft-il tué en duel? Point de Sépulture Eccléfiaftique pour lui. Le Juge Séculier ne s'en offenfera pas. Y a-t-il des Calviniftes parmi nous? Ce n'eft, dit Eveillon, que par le fait & non par le droit qu'ils font notoirement Calviniftes: Ce font des excommuniés tolérés & non à éviter: N'importe, on leur réfufera, fans que les Tribunaux en murmurent, & les Sacremens, s'ils s'avifent de les demander, & la Sépulture Eccléfiaftique.

De plus, en France, comme ailleurs, qu'un fou, un homme yvre demande la Communion, ne la lui réfufera-t on pas? Qu'un meurtrier qui vient de commettre un homicide à la porte de l'Eglife, en préfence de tout le peuple, aille fur le champ fe préfenter à la Sainte Table, le Prêtre qui vient d'être témoin de fon affaffinat, le communiera-t-il? Eft-il néceffaire qu'il y ait une Sentence?

Qu'on fe livre donc, tant qu'on voudra, à fes préventions, que par la feule honte de reculer on s'obftine dans fon fentiment ? Toujours fera-t-on forcé par l'évidence de ces exemples, de convenir que dans une infinité d'occafions, même en France, & même dans le for civil, on reconnoît que la notorieté de fait fuffit, fans qu'il y ait aucun jugement.

Mais où la chofe eft encore bien inconteftable, c'eft dans le for Eccléfiaftique. Confultons fur cela le Auteurs François les plus illuftres. D'abord Gamache nous donnera une définition exacte & détaillée de la notorieté ; & il nous fixera-autant qu'on le peut être en ce point.

Dans le for Ecclefiaft.

Qu'eft-ce que felon lui, qu'un pécheur notoire ? * *C'eft celui dont le péché eft public, foit par l'évidence du droit, c'eft-à-dire par une fentence du Juge, foit par l'évidence du fait, lorfque le bruit public a tellement répandu la connoiffance d'un crime, que par aucun détour on ne peut le couvrir ni le tenir caché.*

T. 3. p. 79. cap. 2 p. 445.

Au refte, continue le même Auteur, « il n'eft pas néceffaire que le » crime foit connu dans toute la ville, ou dans la bourgade entiere, mais » il fuffit qu'il le foit dans tout le voifinage, dans tout le quartier, dans » toute la communauté, ou du moins qu'il le foit de la plus grande partie » de la communauté ou du quartier. »

Telle eft, Monfieur, la notion que ce Docteur nous donne de la notorieté du fait. Il cite lui-même fes Auteurs & fes Guides : Sylveftre, Navarre, le droit Canon, S. Antonin & le Panormitain, qui avoit affifté au Concile de Bafle, où il s'étoit agi de cette forte de notorieté. Enfin après avoir ainfi établi ce que c'eft qu'un pécheur notoire, il décide *qu'un Prêtre doit plûtôt mourir que d'adminiftrer l'Euchariftie à un tel pécheur, jufqu'à ce que fa réconciliation & fa pénitence foient connues publiquement & fuffifamment conftatées devant des témoins.*

Un autre Auteur François, qui reconnoît en France une notorieté de fait, c'eft Cabaffut, ce Prêtre de l'Oratoire dans un ouvrage qu'il annonce lui-même comme conforme au Droit François, diftingue trois fortes de notoriétés, qui font le pécheur public. **

Juris Canonici Theoria & Praxis opus exactum non folùm ad normam Juris Communis & Romani, fed etiam Juris Francici.

* Cæterùm notorius peccator hîc vocatur, cujus peccatum eft omninò manifeftum vel evidentiâ juris, videlicet per judicis fententiam, fi quis fuerit à judice condemnatus : vel *Evidentiâ facti*, quando per famam publicam de tali peccato conftat, nec ullâ tergiverfatione celari poteft. Non eft autem neceffe ut peccatum fit cognitum per totam Civitatem, vel totum ingentem pagum, fed fufficit per totam viciniam, totum Capitulum, totum Collegium, aut certè majorem viciniæ vel Collegii partem . . . . Tuncque *Sacerdos potius mori debet quam Euchariftiam tali peccatori adminiftret*, donec de ejus reconciliatione & pœnitentiâ publicè coram teftibus fufficienter conftiterit, neque ullus timor hîc excufat, quia non de humano, fed de divino jure agitur, ratione fcandali imminentis, fi coram populo detur Euchariftia, homini fcelerato, publico & notorio peccatori. *Maledictus enim per quem venit fcandalum, & fi quis fcandalifaverit unum ex pufillis, expedit, &c.*

** Ut autem fciatur quinam publici & quinam occulti peccatores habendi fint, dicit D. Thomas loco citato, eos effe manifeftos peccatores quorum peccata innotuerunt

» La première, dit-il, lorsque le péché est connu par l'évidence du fait,
» comme les usuriers publics, les ravisseurs publics, les concubinaires pu-
» blics. La seconde, lorsque le péché est connu par la Sentence d'un Tri-
» bunal, soit Ecclésiastique, soit Séculier. La troisième quand le pécheur
» se vante lui-même de son péché, qu'il l'avoue publiquement, ou qu'il
» en fait gloire. Si donc une *seule* de ces trois notoriétés se rencontre dans
» un pécheur, & que par elle il soit diffamé dans la plus grande partie de
» la ville ; dèslors c'est un pécheur public, à qui il faut réfuser la Com-
» munion, même en présence de ceux qui ignorent son crime.

Ces paroles sont décisives. Celles de Merbesius ne le sont pas moins.
Dans la Somme dediée à M. le Tellier, Archevêque de Reims, & approuvée par six Docteurs de Paris, il définit le crime notoire, *celui qui vient*
à connoissance du public, ou par l'évidence du fait, qu'on ne peut ni celer,
ni déguiser, ou par un jugement, soit Séculier, soit Ecclésiastique. Tels sont,
dit-il, *les usuriers, les ravisseurs, les brigands publics, à qui l'on doit réfu-*
ser la Communion, lors même qu'ils la demandent. La raison en est claire,
continue cet Auteur ; *car de tels pécheurs étant dans un crime notoire, c'est-*
à-dire, dans un crime qui est parvenu à la connoissance de tout le monde, ils
n'ont aucun droit à la Table du Seigneur, pas même en face de l'Eglise : Ainsi
tout Prêtre qui les y admettroit, seroit un dispensateur injuste, dont la préva-
rication attireroit sur lui la colère du Seigneur.

A cette raison nous pouvons ajouter celles des Docteurs de Louvain.
Ces Théologiens, après avoir prouvé par l'autorité des Rituels, qu'avant
toute sentence de l'Official on peut & l'on doit réfuser la Communion à

per *evidentiam facti*, quales sunt publici usurarii, publici concubinarii, publici rap-
tores : vel quorum innotuerunt peccata per publicum, sivé Ecclesiasticum, sivé
sæculare judicium. His adjungitur tertium notorietatis genus, quando ipse peccator de
suo se crimine jactat & passim ac manifesté illud confitetur. Si ergo *una aliqua* de tribus
notorietatibus peccator factus fuerit manifestus ac diffamatus apud majorem civitatis
partem, neganda est ei Communio etiam coram illis qui ejus crimen ignorant. Cùm
enim famam eo loco amiserit, non habet jus ullum ampliùs ut suum delictum ibi
celetur. Et exigui momenti est si unus aut alter id ignoret, qui ex aliorum rela-
tione facile cogniturus erat. *Theor & prax. L. 3. Cap. 7.*

Bonus Merbesius in Summâ christianâ T. 2. 3â. parte. pag. 317. quæst. XVI. Tunc
autem crimen est notorium, atque adeò peccatores sunt notorii, cùm illud ipsum
crimen in publicam notitiam erupit, vel per *evidentiam facti*, quæ nulla possit tergiversatione celari, vel per judicium sæculare aut Ecclesiasticum, in quo rei de peccato suo vel sunt confessi vel convicti, tales sunt publici usurarii, aut publici rap-
tores & pradones, quibus etiam petentibus debet sacra communio denegari, ut ait
S. Thomas 3. part. quæst. 80. art. 6. in Corpore.

Ratio manifesta est, quia tales peccatores cùm sint in crimine notorio, id est in
communem omnium notitiam effuso, nullam jus habent ad mensam Domini, ne in
facie quidem Ecclesiæ. Ideoque si eos Sacerdos illius mensæ participes faceret, injustæ
dispensationis reus efficeretur, & iram Domini in se ipsum evocaret. Ut ex S. Joanne
Chrysostomo hom. 83. in Matth. Estius observavit.

un pécheur public, appuient leur décifion fur l'efprit de l'Eglife & fur la fin qu'elle fe propofe, qui n'eft autre que d'empêcher la profanation publique des Sacremens, & le fcandale des Fidéles. Or eft-il, ajoutent ces Docteurs, que la facrilége profanation du Sacrement & le fcandale public, font à un égal dégré, foit que les pécheurs qu'on admet à la Sainte Table foient pécheurs publics par une notorieté de fait, foit qu'ils le foient par une notorieté de droit : donc fans diftinction on doit fe conformer aux Canons qui défendent de n'oppofer qu'une correction fecrette à des crimes publics.

Les autres raifons qu'apportent ces mêmes Docteurs ne font ni moins folides, ni moins fenfibles que celle-là : C'eft que les Saints Canons ne mettent aucune diftinction entre la notorieté de fait & la notorieté de droit : C'eft que fi la fentence du juge étoit néceffaire pour écarter des Autels un pécheur public, ce pécheur pourroit à force de chicanes & de procédures, traîner en longueur le procès, & jufqu'à la fin de fes jours, avec la conduite la plus énorme & la plus fcandaleufe, communier publiquement, malgré les ordres de Jefus - Chrift, malgré l'intention de l'Eglife & la difpofition des Canons. C'eft que Jefus-Chrift, en défendant

Van Efpen additamenta ad Caput II. Num. XIX. & fequ. Refolutio Doctorum Lovanienfium circà repulfionem publicorum peccatorum à Sacrâ Communione. Secunda ratio affertionis petitur ex mente & fcopo dictorum, qui alius non eft quàm publicam Sacramentorum præfertim Euchariftiæ profanationem, & publica fidelium fcandala impedire. Quis verò nefciat fcandala publica facrilegamque Sacramenti profanationem provenire æquè per admiffionem publicè peccantium, manifeftáque infamium, five fint publici notorietate facti, five notorietate juris' quapropter nullâ diftinctione factâ canones decernunt. Manifefta peccata non funt occultâ correctione purganda. Cap. 1. de pœnit. & remiff.

Tertia denique affertionis ratio petitur ab abfurdo quod ex oppofitâ opinione fequeretur. Quis enim inficias eat, nifi qui tergiverfationes & tricas litium ignorat, quin fi fententia Domini officialis requireretur priufquam manifeftè infamis aut publicus peccator ab Euchariftiâ removeri poffet, inutilia prorfus hæc fanctiffima Decreta reddenda fint. In primis quid facilius alicui peccatori publico per hodiernas protelationes & facilè multiplices appellationes etiam à fententiis interlocutoriis, quam litem ad annos plurimos, imò ad vitæ finem protrahere...... dum Chriftus Dominus mandat : *Nolite fanctum dare Canibus*, non requirit ut per fententiam judicis in foro externo fint declarati *Canes*. Similiter dum Decretis five Pontificis Romani, five aliorum Epifcoporum præcipitur, facram Communionem denegare mulieribus, quæ pectus, humeros aut brachia habent dénudata, non exprimitur requiri ut interveniat fententia declaratoria judicis fori externi quâ hæc illave perfona judicetur non fatis cooperta, ut eo titulo excludatur à facrâ Communione.

Synodus Auguftana 1548. c. 19. Item cùm confeffio integra & indivifa effe debeat & cùm propofitio deinceps peccata non admittendi ; eam ob rem quicumque in publicis ac notoriis degunt fceleribus, ut funt manifefti adulteri & adulteræ, aut qui aliàs in lupanaribus victitant, & publici fœneratores, & qui alios ad eadem inducunt, & id genus alii, ad hujus Sacramenti Venerabilis Communionem admittendi non funt, donec reipfa & factis teftatum reddant, fe fuis omninò valecifle criminibus & pœnitentiæ fatisfactionem recepiffe.

de donner les chofes faintes aux Chiens, n'a pas exigé qu'il y eut auparavant une fentence du juge : C'eft enfin que les Décrets des Souverains
Pontifes & des Evêques pour réfufer la Communion aux femmes indécem-
ment découvertes, qui oferoient en cet état approcher de la Sainte Table,
ne demandent pas qu'avant ce réfus il y ait une fentence qui déclare que
telle perfonne, en particulier, n'étant pas vêtue d'une maniere convena-
ble, doit être exclue de la Communion.

En 1548. Une autre raifon qui porta le Synode d'Ausbourg à défendre de donner
la Communion au pécheur public, jufqu'à ce que fes actions aient fait
voir qu'il a renoncé à fes defordres. C'eft que « la Confeffion des pécheurs
» qui fe préfentent à la Communion, pendant qu'ils paroiffent encore atta-
» chés à leur péché, eft nulle, ou par défaut d'intégrité, fuppofé qu'ils
» aient tû ou diffimulé leur crime fcandaleux, ou par défaut de volonté
» de quitter le péché. »

Vous fentez, Monfieur, toute la force de ces raifons, elles font de
tous les pays & de toutes les nations, & il fuffit d'être Chrétien pour
en être touché. Mais revenons aux Auteurs François, de peur qu'on ne
nous accufe de chercher dans des fources étrangeres ce qu'on croit fans
force, quand il n'eft pas tiré des écrivains du Royaume. Le même Mer-
befius que nous avons cité va plus loin ; il ne fe contente pas de dire qu'il
faut réfufer les Sacremens aux pécheurs publics ; il veut qu'on les réfufe
encore à ceux qui font foupçonnés de quelque crime, pourvû que le
foupçon foit public & violent.

Mais quelque chofe de plus frappant, c'eft, pour ainfi dire, une légion
de Docteurs de la Faculté de Paris, qui, réunis enfemble dans un livre
imprimé avec permiffion en 1666, fondent la réfolution de plufieurs cas
importans fur le même principe que nous établiffons ici, & le donnent
pour regle certaine de conduite à tous les Curés du Royaume. Ces Théologiens François, parmi lefquels étoit M. de Ste. Beuve, confultés fur
une ufurpation confidérable du Roi, répondent, que « fuivant la Doctrine
» des SS. Peres, & de tous les Théologiens après S. Thomas, on eft
» obligé de réfufer les Sacremens aux pécheurs publics ; que l'on appelle
» un pécheur public celui qui perfévere dans la volonté d'un péché mortel,
» lequel eft manifefte, ou par *l'évidence du fait*, ou parce qu'il le confeffe
» publiquement, ou parce qu'il en eft déclaré atteint & convaincu en
» Juftice Eccléfiaftique ou féculiere, & par conféquent que les Curés qui
» fçavent de l'une de ces trois manieres que des gentilshommes leurs
» paroiffiens ont ufurpé les bois du Roi qui font de grande valeur, &
» qu'ils en jouiffent, ne peuvent les recevoir aux Sacremens, lorfqu'ils
» réfufent d'en faire la reftitution au Roi.

Ces trente Docteurs diftinguent donc, comme Cabaffut, trois fortes de
notorieté, deux de fait & une de droit. Une feule de ces notorietés quelle
quelle foit, fuffit pour faire réfufer publiquement la Communion à un pécheur.

Suppofé la notoriété du fait, difent-ils dans la réfolution du fecond cas, *les Curés ne peuvent admettre aux Sacremens ces gentilshommes.* Leur formule eft la même pour la réfolution du 4e. cas. *Cela étant conftant par* l'évidence de fait, *on ne peut recevoir aux Sacremens ces gentilshommes, qui ufent de la violence pour empêcher que leurs vaffaux n'afferment les dixmes Eccléfiaftiques.*

L'*évidence du fait, la notorieté de fait*, a donc lieu en France, elle y eft reconnue, & l'on agit en conféquence, comme fi c'étoit une notorieté de droit. Cette Doctrine eft la Doctrine de trente Docteurs de Sorbonne, qui fans être contredits, foûs les yeux de la Cour, du Parlement & du Clergé, l'annoncent publiquement, & la donnent comme une règle, à laquelle les Curés doivent, dans la pratique, fe conformer avec la derniere exactitude.

Viendra-t-on nous dire après cela, qu'*en France on ne reconnoît d'autre notorieté que celle de droit*? Quand on tient un pareil langage, veut-on parler du tems préfent, ou d'un tems plus ancien? Si c'eft du tems préfent; Pontas, l'Auteur de la Morale de Grenoble, & Tournely font affez récens pour que leur témoignage foit une preuve de ce qu'on penfe de nos jours fur cet article.

Que dit Pontas? Il convient, comme nous l'avons déja vû, qu'*un Curé s'expoferoit par le réfus des Sacremens à être blâmé dans le for extérieur; mais malgré cela, nous fommes perfuadés*, dit-il, *qu'il ne pourroit, fans manquer à fon devoir, admettre à la Sainte Communion aucun pécheur public, encore que fon péché ne fût* notoire que d'une notorieté de fait. « La raifon eft, » continue-t-il, que la Jurifprudence civile ne peut rien changer en ce qui » eft défendu par le droit Divin. Auffi le Rituel Romain & tous les autres » ne diftinguent-ils point entre la notorieté de droit & la notorieté de fait, » & veulent qu'on réfufe la Sainte Communion à tout pécheur public, tel » qu'il foit : *La notorieté de fait* ne l'en excluant pas moins que celle de » droit ; ainfi que le portoit la célèbre décifion, fignée par trente Docteurs » de Sorbonne, à la réquifition de M. Pavillon, Evêque d'Aleth.

Dict. t. 3. v. pécheur pu-
blic. cas. I. p.
81.

* Que dit la tradition latine de la Morale de Grenoble? L'Auteur fe fait à lui-même cette queftion : *Quel eft le pécheur public, à qui l'on peut, avec juftice, réfufer la Communion?* « & il répond que c'eft celui qui

---

* Tom. 3. Cap. IX. de Sacr. Euchar. pag. 177. quæft. 8. Quifnam dici poteft manifeftus, five publicus peccator, ita ut ei meritò denegari poffit Sacra communio.

Refp. Manifefti peccatores dicuntur illi qui vel per fententiam quæ in convictum fertur, aut per confeffionem factam in judicio funt notati; vel qui per FACTUM NOTORIUM cujus populus eft teftis, funt manifefti peccatores. Itaque ille dicitur, V. G. publicus ufurarius qui per propriam confeffionem aut per teftes à judice pro tali damnatur, vel qui ex *notorio facto* eft manifeftus peccator, ut qui ex officio ufuras exercet.

Illud autem dicitur peccatum publicum & notorium per evidentiam facti, quod nullà tergiverfatione poteft celari, ut habetur expreffè in Cap. *Tua nos.* de cohabitatione clericorum & mulierum.

» est noté par une sentence, ou celui dont le péché est *notoire* par un fait
» dont le peuple a été témoin. Tel est, dit-il, un usurier public.

* Que dit M. Tournely ? *Si le péché public est connu, ou par le droit, ou par l'évidence du fait, il faut refuser la Communion, parce que telle a toujours été la conduite de l'Eglise, conformément à l'ordre de Jesus-Christ de ne pas donner les choses Saintes aux Chiens.*

** Que dit son Continuateur ? « Si un homme vient de tremper aux
« yeux de tout le monde, ses mains dans le sang de son frère, quel est le
» Prêtre assez téméraire pour lui donner l'Eucharistie, sous pretexte que
» le crime n'est pas notoire d'une notorieté de droit.

T. 2. pag. 284. & suiv. — Que disent les Conférences d'Angers ? L'Auteur suppose d'abord la prétendue maxime de France ; il expose ensuite les raisons pour & contre ; enfin il conclud que malgré tout ce qu'on peut dire, *un Curé est bien fondé* P. 291. *à refuser la Communion publiquement à un pécheur public dont le crime est* P. 205. *constant & notoire d'une notorieté de fait.*

Les raisons qu'il en apporte, sont entr'autres, 1°. « que si un Curé ne
» peut refuser le Sacrement d'Euchariftie à un pécheur public, par exemple
» à un concubinaire public, à moins qu'il n'y ait une sentence qui le dé-
» clare atteint & convaincu de concubinage, les laics concubinaires pour-
» ront toujours impunément approcher de la Sainte Table, quelques pu-
» blics qu'ils soient; car le Juge d'Eglise, continue cet Auteur, ne peut
» procéder contr'eux, & il est inoui que le Juge laic fasse le procès aux
» concubinaires; ainsi on ouvriroit la porte à une infinité de sacriléges,
» si il falloit attendre une sentence du Juge pour refuser la Communion à
» ceux qui en sont notoirement indignes.

2°. « Que ce seroit faire tort, & au Sacrement, puisqu'on le donneroit
» à des personnes manifestement indignes de le recevoir, & au peuple, qui
» est le témoin d'un tel spectacle, & en est mal édifié; au lieu que si on
» ne suit pas cette maxime, l'on conserve au Sacrement l'honneur qui lui
» est dû, & l'on ne fait point de tort au pécheur, car outre qu'il a mérité
» cette confusion en l'état où il est, il n'a point de droit de demander la
» Sainte Communion dont le public sçait qu'il s'est rendu indigne, & il
» ne peut pas se plaindre qu'on le deshonore en la lui réfusant; c'est lui
» qui s'est diffamé par son crime, qu'on suppose être si évident & si notoire,
» qu'il ne peut être, ni nié, ni celé, ni couvert par aucun subterfuge.

Un autre Auteur non moins récent dans un livre imprimé avec
privilége

---

* De Euchariſt. T. 2. p. 529. Si peccatum publicum fit ac notum sivè evidentiâ juris, sivè *evidentiâ facti* quod nullâ possit tergiversatione celari, Euchariftia deneganda eft : quia juxtà mandatum Chrifti *(Matth. 7.)* non esse dandum Sanctum Canibus, ita semper fuit in Ecclesia obfervatum.

** T. 3. de Cenf. part. 1. Cap. 5. de Abf. p. 772. Ecquis Sacerdotum homini, qui fraternâ cæde sese mox in omnium oculis polluit, Euchariftiam concedere au-sit, hoc pretextu, quod crimen ejus nondum sit notorium notorietate juris.

privilége & approbation de M. Berthe Docteur de Sorbonne , en défendant Cas de prati que touchant les Sacremens par M. Geneft Prieur de St. Gemme en 1710.
la même caufe , fait des réflexions qui méritent bien , Monfieur, de vous
être communiquées. Il avance d'abord ce principe, *que tout homme pré-*
pofé pour l'adminiftration des Sacremens, eft chargé de l'honneur des Sacremens.
De ce principe lumineux & inconteftable , il infére, 1°. qu'on doit donc
non feulement fe garder foi-même de profaner les Sacremens en les confé-
rant avec des difpofitions contraires à celles que leur fainteté demande ;
mais qu'on doit auffi empêcher que les autres ne les profanent en les
recevant avec de femblables difpofitions.

2°. Qu'il faut donc réfufer les Sacremens aux pécheurs publics , qui
n'ont pas encore donné des marques publiques & fuffifantes de converfion,
puifque jufqu'alors ils paroiffent manifeftement indifpofés à les recevoir

3°. Que le Curé doit encore les réfufer , parce qu'il eft chargé du falut
de fes Paroiffiens. La raifon qu'en apporte l'Auteur que nous citons , eft
que fi le Curé les donne , la Paroiffe fera auffi mal édifiée de fa facilité à
les donner , que de la hardieffe de ceux qui les recoivent ; que d'ailleurs le
pécheur s'endurciffant par cette indigne reception , en deviendra plus hardi
pour s'en approcher une autrefois ; & que ceux qui font dans le même
cas que lui, voyant qu'il a été admis aux Sacremens, avant que d'avoir
rompu fon commerce, s'y préfenteront effrontement dans l'efpérance d'y
être reçûs.

Tel eft, Monfieur, le fentiment des Auteurs les plus récens. Je ne ci- Y de Sacram. Euchar. chap. 117. S. 20, chap. 3.
terai ni le Synode de Nîmes de 1284. ni le Concile de Lavaur de 1368 &
même depuis le Concile de Conftance , nous pafferons fous filence le
Concile de Bafle (en 1435,) la pragmatique Sanction (en 1438,) le Concile
de Latran en 1515, le Concordat en 1516.

* Le Concile de Rouen , tenu en 1581 , défend expreffement de laiffer
fervir à l'Autel *tout pécheur public & notoire* : Et pour montrer que par ce
terme il entend auffi les pécheurs publics par le fait, c'eft qu'il ajoute les
paroles fuivantes ; fur tout, *s'il eft déclaré tel par une fentence.* Addition
importante , & qui prouve évidemment, que , felon le Concile, de quelque maniere que le péché foit notoire, le pécheur doit être écarté de
l'Autel , mais qu'il faut encore plus de vigilance & d'exactitude à l'en
exclure, fi c'eft par une fentence qu'il eft déclaré pécheur public.

** En 1584, le Concile de Bourges porta une loi toute femblable :
D'abord il défend de laiffer célébrer la Meffe aux pécheurs publics déclarés
tels par fentence ; enfuite il ajoûte qu'il en faut faire de même aux pécheurs

---

* Neminem prætereà , qui publicè & notoriè criminofus fit , præfertim per fententiam declaratus altari , miniftrare permittant. Conc. Rothomag. de Sacrif.
Miffæ n. 6.

** Chap. 23. Ab ejus celebratione prohibeantur .... aut notorii peccatores, fi per
fententiam declarati fint , vel ita crimina innotefcant , ut nullâ tergiverfatione celari
poffint.

B

doit les crimes font fi notoires qu'on ne peut en aucune façon les couvrir?

Or c'eft dans le fein de la France que fe font tenus ces Conciles. Il eft donc vrai qu'en France, depuis le Concile même de Conftance, le for Eccléfiaftique reconnoît une notorieté de fait; & l'affemblée générale du Clergé ne la reconnut-elle pas cette notorieté, lorfqu'elle fit imprimer aux dépens du Clergé & avec tant d'éloges, les Inftructions de S. Charles? Car enfin, dans cet excellent ouvage, le S. Cardinal ne prefcrit-il pas aux Confeffeurs » de ne point admettre à la Confeffion les concubinaires, » les blafphémateurs & autres femblables, qui offenfent Dieu par coutume, » quelques paroles qu'ils donnent & quelques promeffes qu'ils faffent de fe » corriger, qu'ils ne lui aient prémierement donné durant quelques mois » de véritables marques de leur amandement par la pratique qu'ils auront » fait des remèdes qu'il leur aura prefcrits.

* Ce même Saint dans le fixiéme Concile de Milan, cité par l'Auteur de la Morale de Grenoble, n'avoit-il pas auffi ordonné « de réfufer la Com- » munion aux hérétiques, fchifmatiques, excommuniés, interdits, pé- » cheurs publics, infames, comme font les femmes de mauvaife vie, » les concubinaires publics, les ufuriers, les magiciens, les blafphémateurs » & autres pecheurs publics, comme auffi à ceux qui font dans des inimi- » tiés, ou qui font reconnus être dans l'occafion prochaine de péché par » l'exercice de leur état? » L'efprit de Saint Charles eft donc de ne pas attendre de fentence pour exclure des Autels les pécheurs fcandaleux, mais de s'en tenir à la fimple notorieté de fait. Or cet efprit de S. Charles eft devenu l'efprit du Clergé de France, par l'adoption qu'a fait des inftruc- tions de ce S. Cardinal, l'affemblée générale du Clergé en 1655, 1656, & 1657.

Et pour fe convaincre que cette doctrine eft encore en France dans toute fa vigueur, il ne faut que lire les Rituels de la plûpart des diocèfes, on verra qu'il eft ordonné de ne pas conférer les Sacremens aux pécheurs qui font tellement publics, qu'ils ne fçauroient par aucun moyen dérober au monde la connoiffance de leur péché.

** Cette autorité de Rituels a fait une telle impreffion fur Van Efpen ce Docteur de Louvain, fi cher au parti, qu'il la regarde comme un

---

* S. Carol. Actor. part. 4. de Sacram. Euchar. Non admittantur ad Communio- nem hæretici, fchifmatici, excommunicati, interdicti, publicè criminofi, mani- feftèque infames, ut mœretrices, publici concubinarii, fœneratores, magi, forti- legi, blafphemi, & alii id generis publicè facinorofi homines.

** Zegerus Bernardus Van Efpen. Jur. Ecclef. univ. part. 1â. t. 4. de Sacram. Eu- char. p. 348. & fuiv. num. XX. Cùm ergò Ritualia atque Synodalia Decreta velint univerfim publicos & notorios peccatores à communione repelli, manifeftum eft à verbis & mente Ecclefiæ omninò deviare, qui hujufmodi peccatores non priùs vo- lunt effe repellendos, quam per fententiam judicis fint ut *notorii* peccatores decla- rati. Quafi non poffent per notorietatem *facti* effe verè *notorii* & *publici* peccatores, antequam per fententiam tales effent declarati. Num forfan fcandalum non effet,

monument incontestable de la discipline moderne de l'Eglise. Aussi après avoir expliqué selon Barthole & selon Fagnan ce qu'on doit entendre par pécheurs publics, il ne craint pas de dire que, " puisque les Rituels & „ les Décrets Synodaux veulent que, généralement tout pécheur public „ & notoire, soit privé de la Communion; il est évident, que c'est „ s'écarter entierement de l'esprit & des ordres de l'Eglise, que de se per- „ suader que la sentence du juge est nécessaire, pour que ces sortes de „ pécheurs soient déclarés pécheurs notoires: comme si la notorieté de „ fait ne suffisoit pas; comme si il n'y avoit pas de scandale, & que ce „ ne fût pas donner les choses Saintes aux Chiens, que de donner l'Eu- „ charistie à des pécheurs notoires par le fait, avant qu'ils soient condam- „ nés comme tels par une sentence de l'Official.

Après cette décision, ce même Auteur réfute, avec esprit & avec beaucoup de bon sens, la réflexion frivole de quelques personnes foibles & timides, qui craignent que les Curés ou les Prêtres ne soient trop portés à éloigner de la Sainte Communion ceux qui la leur demandent publique-ment, ou que peut-être ils ne la leur réfusent trop legérement, en les régar-dant mal à propos comme des pécheurs notoires & publics, quoiqu'ils ne le soient pas en effet. Terreur panique, dit ce Docteur: " On ne sçait que „ trop combien la plûpart des Curés sont, à cet égard, tiedes & lâches, „ & jusqu'à quel point ils sont allarmés des difficultés qu'ils prevoyent, „ & des suites fâcheuses que pourroit avoir une conduite vigoureuse & „ ferme. Et n'est-ce pas à cause de cette langueur, qu'il a fallu tant de „ Décrets réiterés pour exciter leur zèle? Au contraire peut-on trouver „ un Décret Synodal, qui ait eu en vûe de reprimer sur ce point leur „ trop grande ardeur?

Vous voyez, Monsieur, que ce n'est pas seulement les Auteurs Ortho-doxes qui servent aujourd'hui à notre défense. Les ennemis même de la

aut sanctum non daretur *Canibus*, si notoriis peccatoribus notorietate *facti* admini-straretur publicè Eucharistia, quamvis necdum per sententiam Domini Officialis ut tales condemnati essent.

XXI. Deinde si sententia judicis super *notorietate* requiratur, priusquam *notorii* & *publici* peccatores à Communione sint repellendi, facilè quisque intelligit, inutilia ac sine executione futura omnia illa de arcendis *publicis* peccatoribus decreta, qui expenderit quam difficile sit, quam sumptuosum ac tædiosum, vel unam hujus-modi sententiam obtinere; quàmque facile sit futurum, ut hujusmodi perditissimi homines ad longum tempus, imò ad finem vitæ protrahant, ipsosque vexent & tædio afficiant.

XXII. Neque verendum est, ne Parochi aut Sacerdotes sint nimis proclives, ad repellendos à Sacrâ Communione *publicè* petentes; aut forsan nimis leviter *no-torios* & *publicos* peccatores à communione arceant qui tales reverà non sunt. Scitur enim quàm soleant hâc in parte plerique esse tepidi & timidi ob difficultates & obloquia, quæ hinc sibi imminere prævident. Ut proptereà tot iteratis decretis opus fuerit, ut Pastorum zelus excitaretur, nullum verò Synodale Decretum hac-tenus reperiatur quo eorum nimius zelus reprimatur.

foi, reconnoiffent les principes que nous avançons, & concourent avec
nous à les établir. Faut-il s'étonner fi ceux d'entre les Catholiques, que
la politique a féduits, & qui dans cet efprit, s'imaginent que nous portons
les chofes à l'excès, font les premiers cependant à nous fournir des preuves
de la vérité pour laquelle nous combattons.

Que difent-ils ces hommes prudens, lorfqu'on leur demande, fi un Curé
doit donner le Saint Viatique à un homme notoirement rebelle à la Conf-
titution *Unigenitus* ? Ils répondent prefque tous, que " fi le moribond,
„ fans être interrogé, fait fa déclaration à haute voix, de forte qu'il foit
„ entendu des affiftans, le Curé doit lui réfufer le Saint Viatique & le
„ remporter....., voilà une déclaration du moribond, qui, conftamment
„ ne produit qu'une notoriété de fait. Il n'y a ni fentence ni acte judiciaire :
„ donc felon ces Théologiens qui font fi oppofés en apparence, la notoriété
„ du fait fuffit dans le Royaume, pour être exclus de la participation des
„ Sacremens,

Raffemblés à préfent, Monfieur, toutes les preuves que nous venons
de rapporter, & vous conviendrez qu'elles font une démonftration com-
plette, & que, pour peu qu'on réflechiffe fur le nombre & la nature des
autorités que nous vous préfentons, on ne peut plus douter que dans le for
Eccléfiaftique l'évidence du fait ne fuffife pour conftituer le pécheur public.

Il ne refte donc qu'à examiner quelle eft l'autorité qui doit conduire les
Fidéles en fait de Sacremens ; fi c'eft le droit civil, ou le droit eccléfiaftique ; l'autorité temporelle ou la fpirituelle.

Mais fur cette queftion eft-il un cœur chrétien qui ne réponde avec
Pontas, *que la Jurifprudence civile ne peut rien changer en ce qui eft défendu par
le droit divin ; que par conféquent la notoriété de fait n'exclud pas moins
des Sacremens que celle de droit* : Et quand tous les Tribunaux féculiers
réuniroient leurs forces pour nous faire donner les chofes Saintes aux
Chiens : le précepte irrévocable de Jefus - Chrift ; l'autorité des Saints
Canons, des Saints Péres, des Décrets Synodaux ; celle de tous les
Théologiens, & en particulier de cette foule d'Auteurs François que nous
venons de citer, doit fans contredit, prévaloir & raffurer les efprits
flottans & les cœurs ébranlés.

Après tout vous avez vû, & nous l'avons fuffifamment prouvé, que
même le for civil eft fur cela d'accord avec le for eccléfiaftique, & que
le Parlement même reconnoît, dans plufieurs conjonctures, la fuffifance
de la notoriété de fait. Il ne doit donc plus y avoir de doutes ni de
fcrupules parmi vous ; & c'eft avec avec affurance, comme avec connoiffance de caufe ; c'eft avec confiance, comme avec conviction, que
vous devez rejetter loin de vous les difcours de ceux qui viendront encore
vous débiter ce faux axiome ; *qu'en France le pécheur n'eft cenfé public, que
lorfqu'il y a une fentence qui le déclare tel.*

Mais ce prétendu principe eft-il donc faux en tout fens ? Ne peut-on ñi donner aucune couleur ? Par quel vertige s'obſtineroit-on à s'attacher à une chicane, à une fauſſeté ſi manifeſte, & à la faire valoir comme une loi inconteſtable de l'Etat ? Eſſayons d'en fixer le véritable ſens.

Les Conférences d'Angers, en admettant que cette maxime, *qu'il n'y a point de notorieté de fait*, a cours en France, répondent " qu'il eſt [Tom. 2. pag. 288.] „ vrai que dans le Royaume la notorieté de fait ne diſpenſe point des „ procédures ordinaires, & que quand il s'agit de condamnation pécuniaire „ ou corporelle, il faut qu'il intervienne ſentence, quelque notoire que „ ſoit d'ailleurs le fait; mais que pour éloigner de la Sainte Table ceux „ qui en ſont notoirement indignes d'une notorieté de fait, il n'eſt nulle- „ ment beſoin de ſentence: „ Et l'Auteur ajoute que, *cette réponſe a été ſuivie de mot à mot par l'Auteur des Conférences du Diocèſe de Rouën.*

Un autre Auteur avoit fait auparavant la même réponſe à la même queſtion. " Il eſt vrai, dit-il, qu'en France la notorieté de fait ne diſpenſe [Cas de pratique p. 22.] „ pas de la preuve; & qu'on y rejette la règle qui dit, qu'il ne faut pas „ garder l'ordre judiciaire dans les choſes manifeſtes: Mais la maxime „ du Royaume de France, touchant la notorieté de fait, doit être reſ- „ trainte au for extérieur, ſujet à la procédure & aux formalités.

C'eſt donc là, Monſieur, l'unique ſens où ſoit ſupportable la maxime qu'on fait tant valoir: ſens totalement étranger à notre ſujet, & qui n'entame pas la queſtion que nous avons à traiter. Il ne s'agit ici que de l'adminiſtration des Sacremens, & en ce ſens l'axiome eſt faux: il n'eſt pas queſtion des effets civils, à l'égard deſquels l'axiome eſt vrai. Voilà la ſolution de toute difficulté: c'eſt donc une bevûe impardonnable que de vouloir tout confondre, que de vouloir éviter une diſtinction qui ré- pandroit du jour ſur ce point important. Mais peut-être eſt-on bien aiſe de l'embrouiller, ſoit qu'on ait deſſein d'accréditer l'erreur, ſoit qu'on prétende ſeulement ſe tirer d'embarras, & ſe raſſurer dans la conduite molle & timide qu'on tient à l'égard des réfractaires.

Quoiqu'il en ſoit, développons encore plus les idées, en diſſipant certaines objections, indirectes à la vérité & peu ſolides; mais qui néan- moins pouroient encore faire quelque peine à l'eſprit. Ce n'eſt pas au reſte aux autorités que nous avons alléguées qu'on répond; elles ſont & reſ- teront ſans réplique. C'eſt aux raiſons que nous avons ajoutées à l'autorité, & dont la principale eſt le ſcandale que donne dans une paroiſſe un pécheur public qu'on voit communier publiquement.

Cette raiſon, dit-on, ſe détruit d'elle-même; puiſque *le pécheur public en demandant les Sacremens en public, fait connoître publiquement qu'il s'eſt* [Cas de pratique p. 21.] *converti, & dèſlors fait ceſſer tout ſcandale.* Pour réſoudre cette difficulté, empruntons encore les termes de l'ouvrage que nous avons déja cité, en copiant ainſi les Auteurs François, nous vous convaincrons mieux: que notre doctrine dans toutes ſes parties, dans ſes principes, comme dans ſes conſéquences; dans les objections qu'elle fait, comme dans celles qu'elle réfout, n'eſt nullement nouvelle, & qu'elle eſt conforme en tout aux ouvrages qui ſont depuis long-tems entre vos mains.

„ 1°. Dit cet Auteur, il y a tant de gens qui s'approchent des Sacremens „ pour couvrir leur deſordre, qu'on ne peut conclure qu'un homme ſe „ ſoit converti, de cela ſeul qu'il s'en approche.

„ 2°. Si cette raiſon avoit lieu, on devroit admettre à la Communion „ les Comédiens, lorſqu'ils s'y préſentent, parce qu'on devroit inférer „ de-là qu'ils ont renoncé à leur profeſſion.

„ 3°. Lorſque le concubinaire public demande la Communion avant la „ rupture du moins apparente de ſon commerce, il donne ſujet de croire „ qu'il eſt ou bien ignorant ou bien malicieux : ignorant, s'il croit, que „ nonobſtant la perſévérance du moins apparente de ſon péché, il peut „ communier publiquement ; malicieux, ſi croyant le contraire, il ap- „ proche pourtant de la Communion.

Il eſt donc faux, ſelon cet Auteur, & il l'eſt en effet ſelon tout homme raiſonnable, que l'acte ſeul de la Communion publique, tienne lieu d'une converſion publique ; qu'il ſoit équivalant à la rupture du moins apparente d'une habitude criminelle qu'on auroit contractée publiquement : Enfin qu'il n'y ait point de ſcandale à s'approcher de la Sainte Table, lorſqu'on eſt d'un côté reconnu pour pécheur public, & que de l'autre on n'a aucune apparence d'un pécheur converti.

Deux conſéquences, Monſieur, réſultent des principes que nous venons d'établir. L'une qu'il faut refuſer les Sacremens aux Quenelliſtes notoires, même par le ſeul fait, tant qu'ils ne donnent pas de marques publiques de Réſipiſcenſe ; l'autre que s'ils viennent à mourir, ſans les avoir données, on ne doit faire pour eux aucune prière publique.

· Commençons par l'article des Sacremens. C'eſt à double titre que le Quenelliſte notoire en doit être privé, à titre de pécheur public, & à titre d'homme notoirement excommunié. Tout pécheur public eſt digne d'un refus public des Sacremens, juſqu'à ce que la réparation de ſon péché ſoit auſſi publique que l'a été ſon péché même. C'eſt un ſentiment ſur lequel il n'y a point de partage. Tous les Théologiens ſont unanimes. La Péni- tence, diſent-ils, doit être auſſi connue que le crime. *Ita nota fit pœni- tentia ac notum eſt crimen.* Les François même ſemblent avoir eu la gloire de s'expliquer là-deſſus, où plus ſouvent, où plus préciſément, que les étrangers. Cette multitude d'auteurs * que nous avons appellés en té-

Tolet inſ- truct. Sacerd. lib. 6. cap 17.

---

* Gamache, Cabaſſut, Merbeſius, approuvé par ſix Docteurs de la faculté de Paris. Les Docteurs de Louvain. Trente Docteurs de la faculté de Paris. Pontas. L'Auteur de la Morale de Grenoble. Le P. Alexandre. Witaſſe. Tournely. Son Continuateur. Les Conférences d'Angers. L'Auteur d'un livre intitulé, Cas de pratique touchant les Sacremens. Le Concile de Rouën en 1581. Celui de Bourges en 1584. Les Inſtructions de S. Charles imprimées par ordre de l'Aſſemblée gene- rale du Clergé. Les Rituels de la plûpart des Diocéſes. Van. Eſpen.

moignage, pour conftater ce principe, auteurs prefque tous François, quelquefois fufpects ou même infectés de l'héréfie que nous combatons, forme une chaîne de tradition que rien ne peut rompre. En prouvant, comme ils ont fait, qu'on reconnoît en France des pécheurs publics par l'évidence du fait, ils vous ont en même tems prouvé que ces fortes de pécheurs, à moins qu'ils n'ayent donné des marques publiques de repentir, doivent être publiquement privés des Sacremens.

Il ne s'agit donc plus que de fçavoir fi un Quenellifte notoire eft un pécheur public par le fait. Où plutôt s'agit-il encore d'une chofe fi inconteftable ? N'eft-il pas évident, que fi tout Quenellifte eft pécheur, tout homme qui fait profeffion publique d'être Quenellifte fait profeffiou publique d'être pécheur ? Or peut-on douter aujourd'hui que tout Quenellifte ne foit pécheur ? l'orgueil ne feroit-il plus un vice parmi les Chrétiens.

La défobéiffance au corps Paftoral fera-t'elle mife au rang des vertus ? effacera-t'on de l'Evangile de J. C. cet oracle fi célébre & tant de fois répeté aux enfans de l'Eglife, que celui qui n'écoute pas avec docilité cette Mere des fidéles, *doit être regardé comme un payen & un publicain ?* Quoi ! un decret dogmatique eft émané du St. Siége ; quatre Papes confécutifs l'ont confirmé : tous les Evêques du monde l'ont adopté : & ce ne fera pas être pécheur, que d'être rebelle à une décifion fi autentique de l'Eglife univerfelle ? cette obftination invincible dans l'erreur, cette préfomption qui attache avec tant de fcandale à l'héréfie ; cet aveuglement étrange de fe croire plus éclairé que l'Eglife même, tout cela réuni ne rendra point un homme pécheur. Mais qui pourra donc le garantir de cette tache ? Eft-ce parce qu'il en fait gloire ? Eh ! depuis quand efface-t'on la honte d'un péché en s'en glorifiant ? n'y a-t'il donc d'infamie aux yeux de la foi que dans les vices groffiers ? L'idolatrie n'a-t'elle rien de honteux ? C'en eft une felon l'oracle du St. Efprit, de fe fouftraire à l'autorité & de préferer fes lumieres à celles de l'Eglife. *Quafi fcelus idololatriæ nolle acquiefcere.* Tenez-vous en donc, Monfieur, à cette règle invariable du bon fens, que tout pécheur, dont le péché confte publiquement, eft pécheur public : *pro publico habetur quod quovis modo publicè conftat* ; & qu'ainfi tout Quenellifte dont l'erreur eft conftatée par une évidence ou notorieté de fait, doit être regardé comme pécheur public, & qu'en cette qualité il mérite un refus public des Sacremens.

Il le mérite encore, comme étant notoirement excommunié ; car quoiqu'il ne foit pas dénoncé, il n'en eft pas moins excommunié public. Entre les excommuniés publics, dit un des plus exacts Docteurs de Sorbonne, il y en a de tolerés & d'autres qui ne le font pas. *Inter excommunicatos etiam publicè, alii funt non tolerati, alii vero funt tolerati.* Les uns & les autres, en vertu de la cenfure qui les lie non-feulement devant Dieu, mais encore devant les hommes, font abfolument indignes de la participation des Sacremens ; puifque la privation des Sacremens, comme parlent les

Théologiens, eſt moins l'effet de l'excommunication, que l'excommunication même : *non tam effectus, quam natura & ſubſtantia excommunicationis.*
Les tolerés auſſi bien que les non tolerés, étant donc excommuniés notoirement, les uns & les autres ſont notoirement privés des Sacremens : ceux-
ci par une ſentence expreſſe & qui tombe diſtinctement ſur eux, ceux-là
par une ſentence générale, & qui les enveloppe tous indiſtinctement.

Appliquons à préſent cette doctrine aux Quenelliſtes ou Janſeniſtes notoires. Il eſt certain que tout Quenelliſte, même occulte, eſt excommunié.
Il l'eſt dans le ſecret & dans le cœur, il l'eſt devant Dieu qui voit ce qui
eſt caché comme ce qui eſt public. La Bulle s'explique elle-même. Elle
frappe d'*excommunication encourue par le ſeul fait*, tous les partiſans de
Queſnel. Or ſi tout Quenelliſte occulte eſt excommunié, tout Quenelliſte
public eſt donc excommunié public : C'eſt, pour uſer des expreſſions des
Saints Peres, un homme publiquement proſcrit, *un exilé*, *un payen*.
L'excommunication notoire dont il eſt frappé, lui interdit l'uſage des
Sacremens de Jeſus-Chriſt ; elle le prive publiquement, comme parle le
Clergé de France, *de la participation de ces ſources ſacrées de la grace*, &
le reduit au rang des Publicains.

Voilà donc, Monſieur, les deux points de vûe, ſous leſquels on doit
enviſager les Quenelliſtes notoires ; d'un côté leur péché notoire, & cette
deſobéïſſance autentique à l'Egliſe & au Roi ; & de l'autre, leur excommunication notoire & cette cenſure qu'ils ont encourue par le ſeul fait de leur
adhéſion publique aux erreurs condamnées : Et c'eſt en les enviſageant de la
ſorte & comme pécheurs publics & comme excommuniés publics, ques les
Miniſtres de Jeſus - Chriſt les trouveront dignes d'un réfus public des
Sacremens.

L'obligation de ce réfus eſt fondée, comme vous l'avez vû dans tout
le cours de cette inſtruction, ſur le droit naturel & divin; autoriſée par
la pratique conſtante de l'Egliſe ; ſoutenue du témoignage reſpectable des
Saints Peres, & du concert unanime des Théologiens de toutes les écoles.
En faut-il d'avantage, pour diſſiper tous les nuages d'une timide politique
& pour ramener à la vérité tous les partiſans d'une molle & criminelle
condeſcendance ? Témoignages auſſi convaincans des Théologiens & des
Saints Peres.

C'eſt pécher contre le droit divin, * dit Gamache, que de manquer
au reſpect dû aux Sacremens, ſoit " en les recevant dans l'état du péché,
,, ſoit en les adminiſtrant avec connoiſſance à un homme coupable d'un
,, péché notoire, tel que l'héréſie. ,, Or c'eſt-là préciſement, Monſieur, le

cas

---

* Prima ratio ſumpta ex jure Divino, nimirum ex reverentiâ Sàcramentis de-
bitâ, ut nec recipiantur in ſtatu peccati mortalis, neque prudenter & ſcienter al-
teri tribuantur peccatum mortale habenti, quando peccatum fuerit notorium, qualis
eſt hæreſis. Gamach. de Matrim. cap. 28.

eas où nous nous trouvons. Tout Quenellifte notoire eft évidemment dans l'état de péché & d'un péché notoire. *Il a fait* publiquement *naufrage dans la foi* felon le Concile d'Embrun. Son péché eft un attachement opiniâtre à une Doctrine reprouvée par l'Eglife & reprouvée en plufieurs points, comme hérétique : c'eft donc une héréfie notoire, il profane donc les Sacremens en les recevant dans cet état, & le Miniftre qui les lui donne, les profane lui-même.

Tous deux, felon la décifion de Gamache, péchent donc contre le droit divin. Il y a plus, ajoute ce Docteur, non feulement le droit divin, mais indépendamment de toute loi pofitive, le droit naturel feul veut qu'on traite dignement & avec revérence les Sacremens. *Non folum eft jus divi-* Ibid. *num, fed etiam naturale, ut Sacramenta dignè & reverenter tractentur.* Ainfi, felon ce célébre Théologien, c'eft pécher tout à la fois contre le droit divin & naturel, que d'adminiftrer quelque Sacrement que ce foit à un Quénelifte notoire par le fait.

C'eft auffi fur un fi folide fondement que s'eft appuié l'Eglife dans tous les Tournely t. fiécles, pour éloigner des faints Myftères les pécheurs publics. Car telle a 1. de Euchar. été, dit un Théologien, la pratique conftante & invariable de l'ancienne p. 529. Eglife. *Ita femper fuit in Ecclefiâ obfervatum* : telle eft auffi, felon Vuitaffe, que nous avons déja cité, la difcipline de l'Eglife préfente.

Les SS. Peres n'ont pas eu fur cela une doctrine différente de la nôtre. S. Cyprien S. Cyprien regardoit le fentiment que nous combattons, comme un monf- Epift. 6?. tre qui auroit deshonoré l'Eglife de Jefus-Chrift, fi on l'y avoit admis.

S. Auguftin diftingue formellement deux fortes de notorieté, & prétend S. Auguftin que l'une des deux fuffit pour autorifer un réfus public de la Communion. Hom. 50. in Saint Chryfoftôme s'explique à ce fujet d'une maniere encore plus éner- Serm. al. 353. gique. *Miniftres de Jefus-Chrift*, s'écrie-t-il, *de quel châtiment ne vous rendez-vous pas dignes aux yeux de Dieu, fi vous admettez à la Table de Jefus-Chrift un pécheur connu ? On vous demandera compte de fon Sang. Si le Conful, fi l'Empereur lui-même approche indignement du redoutable Sacre-ment, arrêtez-le, éloignez-le ; votre pouvoir eft au-deffus du fien, craignez Dieu plus que les hommes. Si vous n'avez pas affez de fermeté pour foutenir la dignité de votre miniftère en cette occafion, avertiffez moi ; j'irai en perfonne m'oppofer aux prétentions du facrilége profanateur, & je donnerai ma vie aux tyrans plûtôt que le Corps de Jefus-Chrift à un pécheur indigne : au refte, je ne parle pas ici des pécheurs fecrets, mais de ceux qui font publics & manifeftes.* Non de ignotis, fed de notis hæc difputo.

Et qu'on ne dife point que ce réfus des Sacremens, quoique ordonné par St. Chryfoftome, par les autres SS. Peres & par les Théologiens, eft après tout un acte de jurifdiction au for extérieur, & par conféquent un abus manifefte, puifque ni les fimples Prêtres, ni même les Curés n'ont dans le for extérieur aucune jurifdiction. Ce raifonnement, Monfieur, peut tout au plus impofer à ceux qui ont interêt à s'en contenter & qui cher-

C

chent des prétextes pour fe difpenfer d'un devoir trop rigoureux à leur gré & trop difficile à remplir. Mais nous ne leur laifferons pas la fatisfaction de nous échapper par ce fubterfuge.

Non, ce n'eft point dans un Prêtre un acte de jurifdiction que de refufer les Sacremens à un pécheur notoire. Il n'y a de fa part, dit un fçavant Théologien, ni loi portée, ni peine impofée: ce n'eft qu'une fage & fidéle difpenfation du Sacrement. *Non eft confideranda ut actio judicialis vel inflictiva pœnæ, fed folum ut prudèns & fidelis adminiftratio Sacramenti.* Ce n'eft pas le Prêtre qui porte la loi; elle eft portée par J. C. & il l'exécute. Ce n'eft pas le Prêtre qui inflige la peine, elle eft décernée, & il l'a fait fubir. Il ufe feulement du Droit & du pouvoir qui font inféparables de fon miniftere. En recevant les Saints Ordres & la puiffance d'adminiftrer les Sacremens, il a contracté en même tems l'obligation d'en être le fidéle difpenfateur. Or dans le cas préfent, il n'en feroit pas le difpenfateur fidéle, s'il les jettoit aux Chiens, en les adminiftrant à des pécheurs publics.

Lui objectera-t'on que les pécheurs, en vertu de leur Baptême, ont droit à la réception des Sacremens, dont ils lui font une demande publique? il répondra que ce droit ineftimable leur a été enlevé par la publicité de leur crime, & qu'ils ne pourront le recouvrer que par la publicité de leur repentir.

Il ajoutera * que quand même ils l'auroient encore ce droit précieux, le Sacrement lui-même, ou plutôt J. C. a un autre droit infiniment fupérieur. Que ce droit de J. C. eft d'être garanti de toute injure; & que lui, Miniftre de l'Eglife, à qui le Fils de Dieu a confié des droits fi facrés, ne doit rien avoir plus à cœur que de les conferver dans toute leur pureté, & d'empêcher, même au prix de fon Sang, qu'ils ne reçoivent aucune atteinte. Encore une fois, Monfieur, le Prêtre qui fe comporte ainfi ne fait en cela aucun acte de jurifdiction, il eft fimple exécuteur des ordres & des volontés du Légiflateur fuprême, à qui il doit rendre un jour un compte exact de toutes les fonctions de fon miniftere.

Mais où il y a un acte de jurifdiction, fans jurifdiction, où il y a un abus, ou plutôt le comble, l'excès, le prodige de l'abus, c'eft quand par des fentences inouies, on ordonne aux Miniftres de J. C. de communier les réfractaires les plus déterminés, les plus connus pour tels, & qui ont actuellement à la bouche les plus odieux blafphêmes contre l'Eglife & fes plus folemnelles décifions. Quand par la force d'une fommation facrilege, & d'un vil appariteur, on voit le Corps adorable de J. C. traverfer les rues, entrer, pour ainfi dire, malgré lui, dans une maifon ennemie, & y être livré à de nouveaux Judas, à de nouveaux Pharifiens; quand un lâche Curé, fuccombant aux menaces les plus méprifables, va, les remords dans le cœur, donner, en préfence de témoins apoftés, le

* Majus eft jus Sacramenti, ut ita dicam, feu Chrifti, ut dignè tractetur, nec ipfi fiat injuria. Ibid. Idem.

Corps de son Dieu à un Quenelliste furieux, le scandale de toute une
Ville; c'est alors qu'il faut s'écrier, que tout est confondu, que les choses
saintes sont foulées aux pieds & qu'elles sont en proye aux animaux
les plus immondes. Aussi la Religion éplorée n'a pu souffrir plus long-
tems un pareil spectacle; elle a demandé du secours à notre Auguste Mo-
narque, & ce Religieux Prince, toujours attentif à sa voix, toujours sen-
sible à ses cris, vient de la venger deux fois des attentats horribles dont
elle se plaignoit.

L'un de ces attentats avoit été commis à Bayeux, où le Lieutenant Général *avoit ordonné que le Curé ou son Vicaire, seroient tenus d'administrer le
Corps de Notre-Seigneur J. C. & l'Extrême-Onction au Sieur Marry.* Sa Majesté fut bientôt informée d'un fait si étrange, & par un Arrêt du Conseil
du 23. May 1739. elle déclara, *qu'elle croyoit ne pouvoir réprimer trop prom-* ^{Art du Con.}
ptement l'abus qu'un Juge séculier avoit fait en cette occasion de son autorité, du 17. mai
en ordonnant à un Curé d'administrer les Sacremens de l'Eglise, & en voulant 1739.
se constituer juge des causes de son refus ou de son retardement, au lieu de ren-
voyer la partie interessée pardevant le Supérieur Ecclésiastique.

Sa Majesté rappella ensuite dans son Arrêt la Régle établie par l'Article
XXXIV. " de l'Edit du Mois d'Avril 1695. concernant la Jurisdiction Ec-
„ clésiastique, qui réserve aux Evêques le droit de connoître de l'admi-
„ nistration des Sacremens & autres causes purement spirituelles. „ En
conséquence elle cassa & annulla ladite ordonnance, *comme renduë incom-*
pétement & par attentat sur l'autorité Episcopale, enfin elle fit de très-expresses
inhibitions & défenses, non-seulement audit Lieutenant-Général de rendre de
pareilles ordonnances. Mais, à tous autres Juges Séculiers, à peine d'inter-
diction ou autre punition exemplaire, leur enjoignant de renvoyer les causes
purement spirituelles, notamment, celles ou il s'agit de l'administration des Sa-
cremens, pardevant les Supérieurs & Juges Ecclésiastiques, ausquels il appar-
tient d'en connoître.

Un acte si autentique, qui exprime si clairement la volonté du Souverain, & qui, en protegeant les droits de l'Eglise, est si conforme aux
loix du Royaume, auroit dû arrêter pour toujours les entreprises sur l'autorité spirituelle. Mais quand une fois on s'est asservi à l'erreur, sçait-on
obéir à son Roy? Trois mois furent à peine écoulés, qu'au mépris de
l'Arrêt que nous venons de rapporter, un Lieutenant Criminel & Lieutenant particulier au Bailliage de Villeneuve-le-Roy, renouvella le même
attentat, & y ajouta encore des circonstances plus criminelles. Mais quel ^{Arr. du Con.}
fut le fruit de sa témérité? Le coupable Juge fut flétri par un autre Arrêt ^{du 8. septem-}^{bre 1739.}
du Conseil, honteusement interdit des fonctions d'une charge où il avoit
si scandaleusement prévariqué

Enfin personne n'ignore comment Sa M. T. C. réprima l'audace du
Bailliage de Tours. Les Magistrats qui le composent avoient osé décreter
de prise de corps le Sieur Petard Curé de la Paroisse de St. Pierre le

C ij

Puellier de la même Ville, au sujet du refus par lui fait d'administrer les Sacremens au Sieur Charles Maignier Prêtre, demeurant dans sa Paroisse. S. M. ne pût voir sans étonnement une telle conduite, & Elle cassa & annulla cette Procédure comme attentatoire à la Jurisdiction de l'Eglise en matiere spirituelle. Etant ensuite informée qu'au préjudice de cet Arrêt, son Parlement avoit ordonné par un Arrêt du premier de Septembre suivant, que ladite Procédure seroit continuée en la Cour, faute de poursuite au Bailliage de Tours, Elle ne pût laisser subsister cet attentat à son Autorité, aussi formel & aussi répréhensible ; & à peine eût-il paru, qu'il fut cassé & annullé comme attentatoire à l'Autorité Royale.

Arrêt du Con. d'Etat du 23 août 1752.

Arrêt du Con. d'Etat du 3 septem. 1752.

Finissons, Monsieur, cet article, par ces monumens respectables du zéle & des sentimens de S. M. sur la matiere que nous traitons ; & venons à l'autre point, qui concerne le Sacrifice auguste & les prieres publiques, dont on doit priver après leur mort les Quenellistes notoires même par le seul fait.

Vous nous demandez sur quoi nous nous appuyons pour en user avec tant de sévérité à l'égard de ces Novateurs ? Sur les fondemens les plus légitimes. Sur les *maximes de la bonne discipline.* Sur *des raisons solides & des principes constans.* Sur *les régles sacrées & immuables de la Religion.* Ainsi s'expriment dans leurs Lettres de grands Prélats, avec qui nous faisons gloire d'être unis de sentimens, & dont la doctrine parfaitement conforme à la Tradition, nous est ici commune avec tous les Evêques Catholiques de ce Royaume.

Lettre de M. l'Evêq. de Boulogne du 10 fév. 1739.

Lettre de M. de Nantes du 10 janvier 1739.

Lettre de M. l'Evêq. de Châlons sur Saone.

Rappellez-vous d'abord, Monsieur, ce que nous venons de vous dire du Quenelliste notoire, qu'il est & pécheur public & excommunié public. Il s'ensuit de-là que s'il vient à mourir sans se reconnoître, & sans avoir réparé le scandale qui a fait gémir l'Eglise & ses vrais enfans, le voilà mort pécheur public & impénitent ; le voilà *mort dans la revolte & dans le schisme ; mort dans l'hérésie & la revolte contre l'Eglise.* Le voilà à ce moment décisif pour l'éternité, chargé de tous les anathémes de l'Epouse de J. C. & en cet état présenté au Souverain Juge des vivans & des morts.

Lettre de M. l'Evêq. de Marseille.

Lettre de M. l'Evêq. de Dol du 1 mars 1739.

Or demandez à présent, si l'on doit, ou du moins, si l'on peut célébrer la Messe, & faire au nom de l'Eglise, des Prieres & des Oblations, pour un homme mort ainsi dans une impénitence notoire, dans le Schisme & l'Hérésie, dans une excommunication publique. Non, vous répondent tous les Peres & les Docteurs ; on ne le doit pas ; on ne le peut pas. Nous n'avons point une telle coûtume, ni nous, ni l'Eglise de Dieu. *Nos talem consuetudinem non habemus, neque Ecclesia Dei.*

1. Cor. XI. 16.

S'il s'agissoit d'un Excommunié vivant, la réponse seroit différente. Un Prêtre peut par exemple, en son propre & privé nom, prier dans le *Memento* des vivans pour un Excommunié même dénoncé, afin qu'il plaise au Seigneur de lui dessiler les yeux, & d'amollir son cœur.

Que fi l'Excommunié vivant eft toleré, mais qu'il s'agiffe de prier pour lui publiquement, c'eft-à-dire, au nom de l'Eglife, en prononçant fon nom à haute voix, peut-être y auroit-il encore quelques Théologiens qui le permettroient, quoique le torrent des Docteurs * decide le contraire. Mais eft-il queftion d'un homme mort notoirement excommunié ? C'eft à cet égard que nous vous difons avec tous les Peres & les Docteurs, qu'on ne peut pas en confcience prier publiquement pour lui.

L'Eglife, dit S. Auguftin, ne prie point pour ces pécheurs qui finiffent leur vie dans l'impénitence ; parce que l'impénitence finale met le fceau à la reprobation du pécheur, & en fait dès-là même la proie du Demon. ** Lib. 21. de civit. Dei c. 22 *Quia jam in parte diaboli computatur.*

On n'offre le Sacrifice du Corps de J. C. dit le même Docteur *** *que pour ceux qui font fes membres.* Or un Quennellifte notoire ceffe par le fchifme & l'héréfie d'être membre de J. C. l'excommunication dont il eft frappé, & dans laquelle il meurt, en l'arrachant pour toujours *de la vigne* qui eft J. C. le tranfporte comme un inutile farment pour être la victime d'un feu vengeur. Donc, felon la Doctrine de S. Auguftin, on ne peut offrir le Sacrifice de nos autels, pour un Quennellifte notoirement mort dans fon oppofition à la Bulle.

D'anciens Conciles défendent de prier, de faire des oblations pour des pécheurs morts dans un péché notoire, & de chanter des Pfeaumes à leurs obféques. *Qui fibi ipfis quolibet modo culpabili inferunt mortem, nulla pro* An. 563. *illis fiat commemoratio, nec cum Pfalmis fepeliantur.* C'eft le 34e. Canon du premier Concile de Brague. On voit la même difcipline **** dans un Con-

---

* Excommunicationis effectus primus eft, privare communibus Suffragiis Ecclefiæ, ita ut nec Miffas, nec publicas Orationes Ecclefiæ pro eo fundere aut celebrare liceat. Ita communiter Doctores dicunt. At hoc non tam effectus quam natura ac fubftantia excommunicationis eft : ut enim non dicimus privare vifu effe effectum cæcitatis, fed naturam ipfius ; fic natura excommunicationis eft, *his Suffragiis communibus privare.* Quod quidem fic eft intelligendum, ut non liceat Orationes, quæ nomine Ecclefiæ fiunt, pro ipfis applicare. Tamen quando quis orat, ut perfona particularis, poteft orare pro excommunicato, non tamen ipfum facrificium pro ipfo applicando …. omnibus ergo Suffragiis, quæ nomine Ecclefiæ fumuntur, quatenus nomine Ecclefiæ funduntur, privatus eft. Quando autem perfona particularis orat, non debet orare pro eo tanquam pro membro Ecclefiæ, *cum non fit.* Cardinalis Tolet. Inftructio Sacerdotum L. 1. Cap. xi. n. 1.

** Si qui autem ufque ad mortem habebunt cor impenitens …. Numquid jam pro eis, id eft pro talium Defunctorum fpiritibus orat Ecclefia ? quid ita ? Nifi quia jam in parte diaboli computantur, qui dum effet in corpore, non eft tranflatus ad Chriftum.

*** Quis offerat Corpus Chrifti, nifi pro iis qui membra funt Chrifti ? S. Auguft. L. 1. de anima & ejus origine C. 9. n. 10.

**** Si inventus fuerit quis furtum aut rapinam exercere, & in ipfo diabolico actu mortem meretur incurrere, nullus pro eo præfumat orare aut eleemofinam dare. Conc. Triburienf. Cap. 31. de furibus & latronibus An. 895.

cile de Tribur, qui ne veut point qu'on faffe ni priéres, ni aumônes pour un homme furpris dans un vol & mort dans cette infame action. Sur quoi Sylvius * fait cette remarque importante, que ce règlement du Concile doit s'entendre uniquement d'un voleur, qui, probablement eft mort dans l'impénitence, & qui avant d'expirer n'a donné nul figne de repentir. Or, quel figne de pénitence donne un Quenellifte notoire, qui meurt dans fon appel, qui réfufe de retracter à ce moment fon adhéfion à des erreurs cent fois profcrites par l'Eglife, n'a-t-on pas toutes les probabilités imaginables, qu'il eft mort impénitent, & que felon le mot de S. Auguftin, le partage de ce malheureux eft deformais avec les demons.

C'eft de-là que nous vient l'ufage dans le Royaume, de ne point prier pour ceux qui font tués en duel, ou qui meurent dans l'exercice de Comédiens. Nous croions après S. Auguftin ** que les bonnes œuvres appliquées aux morts peuvent fervir à adoucir leurs peines ; mais nous fommes perfuadés avec le même S. Docteur, que cela feroit inutile pour des hommes qui meurent dans de fi criminelles difpofitions. Nous les regardons, en conféquence du péché notoire dans lequel ils font morts, comme les malheureux compagnons de celui dont ils ont été les membres.

Un autre principe de S. Auguftin, *** *c'eft qu'on ne peut point, felon toutes les règles de l'Eglife & de la Foi Catholique, offrir le Sacrifice du Corps & du Sang de J. C. pour des hommes morts fans Baptême.* Gardez-vous, dit ailleurs le S. Docteur, *de penfer,* **** *de dire, ou d'enfeigner le contraire, fi vous voulez être Catholique.*

L. 34 Morali. Cap. 19. alias 16.

On ne doit pas plus prier pour le falut d'un infidéle, qui eft mort, ajoute S. Gregoire ***** que pour celui du demon même. Pourquoi

---

* Quod hic ftatuitur, accipiendum eft, quando probabiliter præfumitur fur aut latro in peccato mortali deceffiffe, nec ullum pœnitentiæ fignum dediffe, Additio Silvii, Summa Conciliorum Auctore Caranza pag 589.

** Non omninò ambigendum eft,ita prodeffe defunctis ; fed talibus qui ita vixerint ante mortem ut poffint eis hæc utilia effe poft mortem. S. Aug. Serm 172 alias 22. de verbis Apoft

*** Salvâ fide Catholicâ, & Ecclefiafticâ regulâ nullâ ratione conceditur, ut pro non baptifatis cujuflibet ætatis hominibus offeratur facrificium Corporis & Sanguinis Chrifti Idem l 3. de origine animæ Cap. 12.

**** Noli credere, nec docere, Sacrificium Chriftianorum pro his, qui non baptifati de corpore exierunt, offerendum, *fi vis effe Catholicus.* Idem Lib. 3. de origine animæ Cap. 12. Non funt prætermittendæ fupplicationes pro fpiritibus mortuorum: quas faciendas, pro omnibus in Chriftianâ & Catholicâ Societate Defunctis, etiam tacitis nominibus eorum fub generali commemoratione fufcepit Ecclefia. Idem lib de curâ gerendâ pro mortuis. Cap. 4 n. 6.

***** Orant (fancti) pro inimicis fuis eo tempore, quo poffunt ad fructuofam pœnitentiam eorum corda convertere, atque ipfa converfione falvare .... & quomodo pro illis tunc orabitur, quando jam nullatenùs poffunt ad juftitiæ opera ab iniquitate commutari? eadem itaque caufa eft, cur non oretur tunc pro hominibus æterno igni damnatis, quæ nunc etiam caufa eft, ut non oretur pro diabolo,

cela ? parce qu'un infidéle, un homme qui meurt sans Baptême, n'est pas du corps de l'Eglise. *Quis enim offerat Corpus Christi, nisi pro iis qui membra sunt Christi ?* Or un Quencilliste notoire, mort notoirement dans la révolte & dans le schisme, se trouve précisément dans le cas d'un infidéle, & d'un homme mort sans Baptême; l'un & l'autre n'a point la foi; l'un & l'autre est hors de l'Eglise; l'un n'y est pas entré, l'autre en est sorti; * donc, selon le principe de S. Augustin & de S. Gregoire, on ne doit ni prier, ni dire la Messe pour un Quenelliste, notoirement mort dans son obstination & dans ses erreurs.

Enfin une maxime incontestable de S. Augustin, c'est que les prières, les aumônes, le Sacrifice de nos Autels, tout ce qu'on fait de bonnes œuvres pour le soulagement des morts, ne les soulage en effet, qu'autant qu'ils se sont mis en état eux-mêmes pendant leur vie d'en profiter après leur mort : mais par où un Quenelliste notoire, mort dans ses préventions & sa desobéissance à l'Eglise, s'est-il mis en état de profiter des suffrages & de la pieté des Fidéles ? Le schisme, l'hérésie, l'excommunication, l'impénitence dans lesquels il est mort, sont-ce là des dispositions à profiter des Messes & des priéres de l'Eglise ? C'est donc inutilement qu'on feroit tout cela pour lui, puisque rien de tout cela ne le soulageroit.

C'est sur ce fondement que ** l'Auteur de la Morale de Grenoble, en latin, décide qu'on ne peut offrir le Sacrifice de la Messe pour ceux qui sont morts sans baptême, ou dans l'hérésie; parce que les uns & les autres ne peuvent, *dit-il*, tirer aucun fruit du Sacrifice : *Cum nullum possint à Sacrificio fructum percipere.* Décision parfaitement conforme à une Formule *** de foi, lûe & approuvée au huitiéme Concile général, & qui portoit entr'autres choses, qu'on *ne devoit pas faire mention dans les saints*

Aug.

angelisque ejus æterno supplicio deputatis. Quæ nunc etiam causa est, ut non orent Sancti homines pro hominibus infidelibus impiisque defunctis, qui de eis utique, quos æterno deputatos supplicio jam noverunt, antè illum Judicis justi conspectum, orationis suæ meritum cassari refugiunt.

* Innocentius XIII in Brevi dato 24 Martii 1722 Regem sic alloquitur. Præliare, fili charissime, junctis nobiscum studiis, prælia Domini, & eos qui multiplici pertinaciæ significatione elongaverunt se à nobis, potestatis brachio compelle intrare, ne aut ipsi extrà arcam pereant, regnante diluvio, aut alios inobedientiæ & erroris contagione corrumpant.

Neque negandum est, Defunctorum animas pietate suorum viventium relevati, cum pro illis Sacrificium mediatoris offertur, vel eleemosynæ in Ecclesiâ fiunt, sed eis hæc prosunt, qui cum viverent, ut hæc sibi posteà possent prodesse, meruerunt .... non enim omnibus prosunt. S. Aug. Enchirid. Cap. 100.

** Potestne Missæ Sacrificium pro iis offerri qui absque Baptismo decesserunt ? Resp. non potest, neque etiam pro iis qui in hæresi mortui sunt, cum nullum possint à Sacrificio fructum percipere Tom. 3. pag. 260 & seq. Quæst. 2.

*** Promittentes etiam sequestratos à communione Ecclesiæ Catholicæ, id est non consentientes Sedi Apostolicæ, eorum nomina inter sacra non recitanda esse mysteria. Libellus in Synodo VIII Gen. lectus & approbatus actione 1.

Myſtères de ceux qui étoient ſeparés de la Communion de l'Egliſe Catholique ; c'eſt-à-dire, du Saint Siège.

Déciſion renouvellée depuis par les Souverains Pontifes, & les Conciles, & conſtamment ſoutenue par les Théologiens

Alexandre III. porta au troiſiéme Concile général de Latran un Décret * qui défendoit d'offrir le Sacrifice de la Meſſe pour ceux qui mourroient dans l'héréſie des Albigeois : *Si autem in hoc peccato deceſſerint..... nec oblatio fiat pro eis.* Gregoire IX. dans ſes Decrétales qui font partie du droit Canonique, adopta dans la ſuite ce Décret de ſon Prédéceſſeur.

Martin V. dans la Bulle d'approbation pour le Concile de Conſtance, réïtera la même défenſe au ſujet des Sectateurs de Jean Hus. Les paroles de ce grand Pape ſont remarquables. * * *Si ces ſortes d'hérétiques publics & manifeſtes, avant même toute ſentence de l'Egliſe qui les déclare tels, viennent à mourir dans le crime de leur héréſie, qu'on ne reçoive & ne faſſe pour eux aucune oblation :* C'eſt-à-dire, qu'on ne prie point & qu'on n'offre point le Sacrifice de nos Autels, pour le ſalut de leurs ames. Il s'agit là, Monſieur, d'hérétiques publics & notoires ; mais publics par le fait, & non encore ſententiés : *Nondum per Eccleſiam declarati.*

Si ces hommes expirent dans le crime de leur héréſie, ne fut-elle notoire que par le fait & non par le droit, le Pape défend d'offrir à Dieu des vœux & des Sacrifices pour eux. *Nec oblationes fiant nec recipiantur pro eiſdem.* Mais quel Pape ? Martin V. celui-là même qui a préſidé au Concile de Conſtance ſi reveré dans le Royaume, celui qui a porté dans ce Concile la Bulle *ad Evitanda ſcandala,* ſur laquelle les politiques de nos jours prétendent fonder leur criminelle tolérance : C'eſt ce Pape qui, dans une Bulle approbative de ce même Concile, décide que la notorieté de fait ſuffit pour priver un hérétique après la mort, de tous les ſuffrages de l'Egliſe, *& même de la ſepulture Eccléſiaſtique.* Or ce dernier Décret ne manifeſte-t-il pas l'eſprit du premier ?

Mais achevons d'établir le point que nous traitons : C'eſt une maxime de S. Leon, * * * *qu'on ne peut pas communiquer après la mort avec des*
perſonnes

AN. 1179.

---

* Quia in Gaſconiâ, Albigeſio, & partibus Toloſanis, & aliis locis, ita hæreticorum... invaluit damnata perverſitas, ut jam non in occulto ſicut aliqui, nequitiam ſuam exerceant, ſed ſuum errorem *publicè manifeſtent* .... eos & defenſores eorum & receptores anathemati decernimus ſubjacere.... ſi autem in hoc peccato deceſſerint, non ſub noſtrorum privilegiorum cuilibet indultorum obtentu, nec ſub aliâ quacumque occaſione.... *oblatio fiat pro eis.* Alex. III. in Concil. Gener. Lateran III. An. 1179. Cap. 27 de Hæreticis Concil. Labb. tom. X. col. 1522.

* * Et ſi tales hæretici publici ac manifeſti, licèt nondum per Eccleſiam declarati, in hoc tam gravi crimine deceſſerint, Eccleſiaſticâ careant Sepulturâ *Nec oblationes fiant aut recipiantur pro eijd.m.* Bulla Martini V. *inter cunctas.* Conc. Labb. tom. 12. col. 262.

* * * Quibus viventibus non communicavimus, mortuis communicare non poſſumus. S. Leo. Papa. I. relatus in Can. 1. cauſæ 24. queſt. 1.

perfonnes, dont la communication nous étoit interdite de leur vivant.

Les Théologiens les plus fufpects font ici d'accord avec les Théologiens Catholiques. Habert, Docteur de Sorbonne, mort lui-même dans l'ana-thême, s'explique fur ce point avec toute la précifion d'un Docteur exact, & prononce lui-même fa condamnation, & celle de tous les Parti-fans de Janfenius & de Quefnel : * « Un excommunié, *dit-il*, quoique » toleré, eft privé des fuffrages communs de l'Eglife. Un Prêtre ou un » Clerc, qui, au nom de l'Eglife & comme perfonne publique, offriroit » pour lui le Sacrifice de la Meffe, ou qui reciteroit les heures Canoniales, » pécheroit griévement. »

Juenin autre Théologien du parti, n'eft pas moins formel. ** « L'excom- » munication majeure, dit cet Oratorien, prive de trois Communions, » dont jouiffent les Fidéles ; fçavoir, de la Communion des Sacrifices, de » celle des priéres & de celle de la fociété civile : Cette troifiéme peine, » ajoute-t-il, eft de droit humain ; les deux premiéres font de droit divin. » *Duo priora juris funt divini* : C'eft-à-dire que, felon cet Auteur, le droit divin défend de prier publiquement & de célébrer la Meffe pour un excomunié même toleré. Auffi conclut-il en difant, en termes exprès, qu'il n'eft pas permis d'offrir pour un excommunié toleré les priéres publiques de l'Eglife.

Et quel fcandale en effet pour tous les fideles, & fur tout pour les per-fonnes fimples & peu inftruites, de voir offrir le Divin Sacrifice pour des hommes morts dans une défobéiffance notoire à une décifion de l'Eglife. Ne font-ils pas tentés de penfer, qu'il ne s'agit aujourd'hui que de quef-tions problématiques qui n'intéreffent point la fubftance de la Foi ? Or ce fcandale, en quelle confcience peut-on le donner ? tout un peuple eft té-moin de ces prieres publiques accordées à un homme dont nous voulons faire détefter les erreurs. Voilà donc une conduite directement oppofée à la nôtre. Le prévaricateur détruit d'un côté tout ce que nous édifions de l'autre. L'Eglife a tiré fon glaive redoutable & a frappé les réfractaires du

Domment. Hift & Dog-maticus de Sacram. Dif. xii. de cenfu-ris q.5. cap. I. Art. 2. con-cluf 4.

---

* Excommunicatus etiam toleratus privatur communibus Ecclefiæ Suffragiis, ni-mirum, Sacrificiis, Orationibus, Indulgentiis, & aliis operibus fatisfactoriis, quæ offeruntur nomine Ecclefiæ ; unde graviter peccaret Sacerdos vel Clericus qui tan-quam perfona publica & nomine Ecclefiæ Sacrificium vel horas Canonicas directè offèret pro hujufmodi excommunicato.

** Varii quondam erant, & nunc funt maximæ excommunicationis effectus... his temporibus qui maximâ excommunicatione innodati funt, ex triplici communione excidunt, quâ fideles potiuntur. Communione fcilicet, precum, Sacramentorum, ac ipfius etiam exterioris converfationis : duo priora juris funt divini, pofterius verò humani tantum... Itaque qui inciderunt in excommunicationem maximam, parti-cipes non funt communium Ecclefiæ fuffragiorum, unde pro iis publicas preces offerre non licet. Extorres quoque funt à Sacramentorum tum receptione, tum collatione, nec Miffæ Sacrificio, aut alicui Officio Ecclefiaftico poffunt fe fiftere præfentes, nec poft mortem donari Ecclefiæ Sepultura. Quibus viventibus (inquit Leo Magnus) non communicavimus, mortuis communicare non poffumus.

D

plus terrible anathême, elle les a privés de la Communion des Saints, de cette Societé de biens spirituels que les fidéles ont en commun. Les peuples dociles étoient saisis d'une crainte salutaire, & n'avoient que de l'horreur pour la Doctrine perverse qui avoit attiré à ce malheureux un si rigoureux sort. Que fait le Ministre infidéle dont nous parlons ? il renverse tous les desseins de l'Eglise ; c'est comme s'il disoit aux peuples assemblés ; non, l'excommunication n'est pas si terrible que vous le pensez. Elle n'empêche pas qu'après la mort on ne puisse participer aux Suffrages de l'Eglise.

Vous entendez ce nom que je prononce à haute voix ; il vous est connu, & vous sçavez sous quel anathême est mort celui qui le portoit ; cependant, moi, Ministre de l'Eglise qu'il a bravée, c'est au nom de l'Eglise même que je prie pour lui. En ferois-je davantage pour celui qui a vêcu & qui est mort dans la plus humble soumission ? apprenez donc à ne pas craindre du tout, ou à craindre beaucoup moins, les censures dont on vous menace.

Telle est, Monsieur, la leçon que fait aux assistans le Prêtre indigne qui prie publiquement pour un Quennelliste notoire. Et les peuples ne l'entendent & ne la suivent peut-être que trop, cette funeste leçon. D'ailleurs quelle idée ce Prêtre donne-t-il de sa foi ? Le croira-t-on soumis à la Constitution, lui qu'on voit monter exprès à l'Autel pour communiquer par l'oblation du Sacrifice, avec ceux qu'elle excommunie ? S'il les regardoit comme hors de la Communion des Saints, les traiteroit-il comme étant dans la Communion des Saints ? S'il les croyoit retranchés du Corps de l'Eglise, leur accorderoit-il, ce qui ne convient & ce qui ne peut servir qu'aux membres de l'Eglise ? Car c'est ainsi, Monsieur, qu'on raisonne : Et de-là il arrive que lorsqu'un Prêtre prie publiquement pour un Quennelliste notoire, où la foi des assistans s'affoiblit, où ils s'approchent euxmêmes du Jansenisme, où ils se persuadent que le Ministre de l'Eglise en est lui-même atteint : Et dans ces deux cas, il est toujours vrai que le scandale est également grand, qu'il doit être également imputé à celui qui le donne, & que l'unique moyen de l'éviter, est d'agir simplement dans la foi, de traiter en excommuniés ceux qui sont notoirement excommuniés, & de se conformer en cela, à la raison, à l'autorité, au droit naturel & au droit divin.

Voilà, Monsieur, mes sentimens sur les affaires présentes, je les crois appuyées sur l'Ecriture, la Tradition, les sacrés Canons & les SS. Peres. Je souhaite que les vôtres y soient conformes. J'ai l'honneur d'être, avec estime,

Votre très-humble & très-obéissant serviteur.

A Paris ce 15 Octobre 1752.

www.ingramcontent.com/pod-product-compliance
Lightning Source LLC
LaVergne TN
LVHW020630180726
843502LV00006B/1948